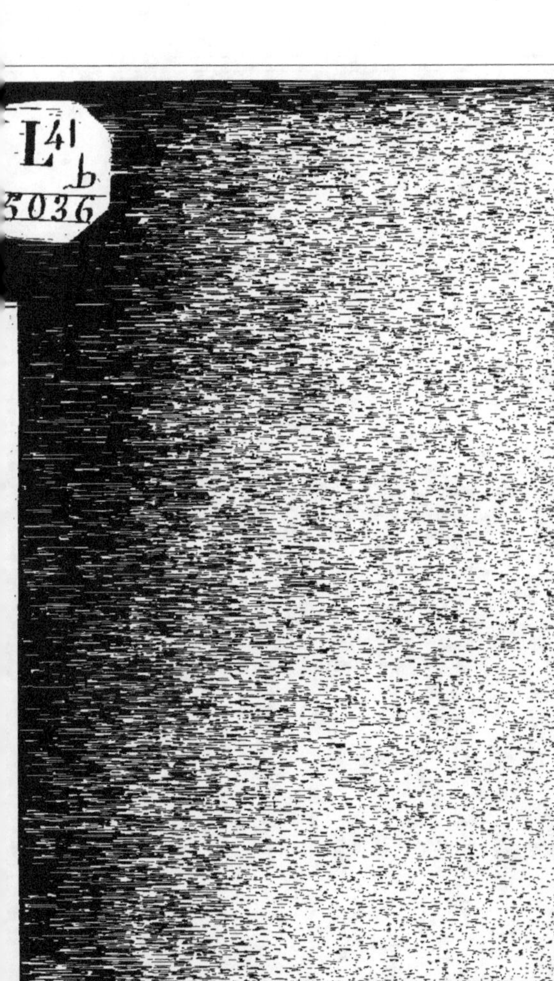

INSTRUCTION

POUR l'exécution des lois des 6 juillet, 25 août, 11 et 13 septembre 1792, en ce qui concerne l'aliénation des Domaines Nationaux.

Du 8 décembre 1792, l'an 1er. de la République Française.

DROITS FÉODAUX fixes et casuels, supprimés sans indemnité, et faculté accordée aux propriétaires de dimes inféodées, acquéreurs de domaines nationaux.

LA loi du 6 juillet 1792 a aboli, sans indemnité, tous les droits casuels qui ne seront pas justifiés être le prix et la condition d'une concession du fonds sur lequel ils étoient perçus.

La loi du 25 août suivant a supprimé, également sans indemnité, tous les droits seigneuriaux, tant féodaux que censuels, avec la même exception que pour ceux qui seroient justifiés avoir pour cause une concession primitive de fonds.

Mais, parce qu'une infinité de Citoyens se sont rendus acquéreurs de ceux de ces droits casuels ou fixes dont la Nation étoit propriétaire, et qu'ils ont fait ces acquisitions sous la garantie de la loyauté nationale, et dans l'espérance d'en jouir paisiblement, en vertu des droits qui les avoient autorisés à acquérir, les mêmes lois des 6 juillet et 25 août ont pourvu à la juste indemnité qu'ils avoient droit de réclamer.

L'article IV de la première de ces lois, et l'article XV de la seconde, prononcent implicitement la résiliation de toutes les ventes de ces différens droits casuels ou fixes, lorsque ces ventes ne comprennent aucuns autres biens ou droits *conservés*. Le premier de ces articles est conçu ainsi qu'il suit:

« *Ceux qui ont acquis de la Nation des droits abolis par*

A

« *le présent décret* (ce qui s'entend des droits casuels)
« *sans mélange d'autres biens ou de droits conservés, ne pour-*
« *ront exiger d'autre indemnité que le remboursement des*
« *sommes par eux payées. Quant aux intérêts de ces sommes*
« *dues aux acquéreurs, il en sera fait compte, ainsi que des*
« *droits par eux perçus et des rachats faits entre leurs mains,*
« *devant le directoire du district, contradictoirement avec le*
« *procureur-syndic, pour être le tout compensé jusqu'à due*
« *concurrence, et l'excédent des intérêts ou perceptions sera*
« *supporté, ainsi que de droit, soit par la Nation, soit par*
« *les acquéreurs.* »

Le second article porte : « *Ceux qui ont acquis des droits*
« *supprimés par le présent décret* (ce qui s'entend des droits
« fixes) *sans mélange d'autres biens ou droits conservés, joui-*
« *ront de l'effet des dispositions prescrites relativement à*
« *l'acquisition des droits casuels nationaux, par l'article IV*
« *du décret du* 18 *juin dernier.* »

Mais ces lois ont sagement établi une distinction entre les
indemnités relatives aux droits casuels, et celles relatives aux
droits fixes, lorsqu'aux uns et aux autres se trouvent réunis,
dans une même adjudication, d'autres biens ou droits conservés.

L'article V de la loi du 6 juillet porte dans ce cas : « *Qu'il*
« *sera libre à ceux qui ont acquis de la Nation, quelques-*
« *uns des droits casuels abolis par cette loi, conjointement*
« *avec d'autres biens ou avec des droits conservés, de renoncer*
« *à leurs acquisitions, et qu'alors les sommes qu'ils auront*
« *payées leur seront aussi remboursées, et la compensation des*
« *intérêts sera faite comme il est dit par l'article IV précé-*
« *dent ; mais qu'ils seront tenus de faire cette renonciation*

« *dans le mois qui suivra le jour de la publication de ladite*
« *loi, au secrétariat du directoire du district de la situation*
« *desdits biens.* »

L'article VI ajoute : « *Ceux qui n'auront pas renoncé à*
« *leurs acquisitions dans le délai fixé par l'article précédent,*
« *ne pourront plus y être admis, et ne pourront également*
« *prétendre à aucune indemnité ni diminution de prix, à*
« *raison de la suppression des droits casuels compris dans*
« *les mêmes acquisitions.* »

On voit que ces dispositions n'admettent point de milieu
entre la résiliation totale des ventes qui comprennent des
droits casuels, ou la conservation de ces ventes sans indemnité
pour ces mêmes droits abolis.

Il n'en est pas de même pour les droits fixes.

L'article XVI de la loi du 25 août, porte : « *Qu'il sera*
« *fait, à ceux qui ont acquis de la Nation quelques-uns de*
« *ces droits supprimés, conjointement avec d'autres biens*
« *ou droits conservés, déduction sur le prix de leur acqui-*
« *sition, des sommes principales auxquelles les droits sup-*
« *primés ont été fixés* par les procès-verbaux d'estimation,
« *et que les intérêts de ces sommes seront également déduits,*
« *à compter du jour des adjudications, si les fermiers n'ont*
« *pas perçu les arrérages desdits droits abolis.* »

Il est bien essentiel pour les intérêts de la Nation, que les
corps administratifs ne perdent point de vue ces distinctions,
lorsqu'ils auront à statuer sur les demandes y relatives qui
leur seront présentées.

Mode de procéder aux Restitutions, Compensations et Réductions résultantes des dispositions ci-dessus.

Restitutions et compensations en résultant.

Les demandes en résiliation ou en réduction pourront porter sur quatre espèces d'adjudications.

La première espèce comprend les adjudications qui sont uniquement composées de *droits casuels supprimés*, sans aucun mélange de droits fixes, ou de biens corporels.

Il suffit qu'un seul des droits casuels compris dans ces adjudications soit dépourvu de titre de concession primitive de fonds, pour que les directoires de district puissent admettre la demande en résiliation de l'adjudication entière ; mais si ces titres de concession existoient pour les droits casuels sans exception, il n'y auroit plus lieu à résiliation, et l'adjudication devroit être maintenue.

La deuxième espèce comprend les adjudications composées de *droits casuels supprimés*, conjointement avec des droits casuels conservés à cause des titres de concession primitive de fonds, ou avec des droits fixes, ou avec des biens immeubles.

Dans cette seconde espèce, il suffit, comme dans la précédente, qu'un seul des droits casuels compris dans les adjudications, soit dépourvu de titres de concession primitive de fonds, pour que la demande en résiliation puisse être admise. Mais s'il existoit des titres pour tous les droits casuels sans exception, il n'y auroit plus lieu à résiliation de l'adjudication, et cette adjudication rentreroit, par rapport aux droits fixes, dans la quatrième espèce dont il sera question bientôt.

(5)

Ainsi toutes les fois qu'il y a eu, dans une adjudication, un droit casuel supprimé sans indemnité, parce qu'il n'existoit, à son égard, aucun titre de concession primitive de fonds, l'adjudicataire a eu le droit d'en demander la résiliation, dans le délai d'un mois fixé par l'art. 5 de la loi du 6 juillet 1792, quels que fussent d'ailleurs les autres biens compris dans la même adjudication.

« La troisième espèce comprend les adjudications composées uniquement de droits fixes supprimés sans indemnité ; c'est-à-dire, pour aucun desquels il n'existe de titres de concession primitive de fonds, et qui ont été adjugés, sans mélange de droits fixes ou casuels conservés, ni de biens corporels.

Les adjudications de cette espèce peuvent être résiliées ; mais si parmi ces droits fixes, il s'en trouve un ou plusieurs conservés, à cause de l'existence des titres, il n'y a plus lieu à résiliation de l'adjudication ; mais seulement à réduction du prix, en raison de la valeur pour laquelle les droits fixes supprimés se trouvent portés sur le procès-verbal d'estimation qui a servi de base à la vente. Ces adjudications rentrent encore dans la quatrième espèce ci-après.

La quatrième espèce comprend les adjudications composées de droits fixes supprimés sans indemnité, conjointement avec des droits fixes conservés, ou des droits casuels conservés, ou des biens corporels, ou avec toutes ou plusieurs de ces trois natures.

Dans aucun de ces cas il ne peut y avoir lieu à résiliation : les adjudicataires ont seulement droit à obtenir une réduction de prix, pour les droits fixes supprimés à défaut de titres ; et cette réduction doit être de la même valeur que la somme pour laquelle lesdits droits fixes supprimés ont été portés ou compris dans les procès-verbaux d'estimation qui ont servi de base aux adjudications , et non proportionnellement au prix de l'adjudication.

Ainsi lorsqu'un adjudicataire demande , ou la résiliation de son adjudication , ou une réduction de prix , le directoire du district doit vérifier , d'après l'examen des pièces ,

1°. Dans laquelle des quatre classes ci-dessus doit être rangée la demande :

2°. Si elle est faite dans le délai ; et à cet égard , il est à propos d'observer que la loi n'en prescrit un que pour les demandes en résiliation d'adjudications , qui comprennent en même-temps des droits casuels supprimés avec d'autres droits fixes ou casuels conservés , et des biens corporels ; et qu'il n'y a aucune prescription pour les demandes en résiliation d'adjudications uniquement composées de droits casuels ou fixes , tous supprimés sans indemnité , ni pour les demandes en réduction , à raison des droits fixes supprimés , qui ne font que partie d'une adjudication.

Lorsqu'un directoire de district , d'après les règles ci-dessus indiquées , a reconnu qu'il y a lieu à résiliation , il doit se faire remettre par le demandeur ,

1°. Le procès-verbal authentique de l'adjudication à résilier , qui formoit le titre de l'adjudicataire.

2°. Les quittances des paiemens qu'il a faits à la caisse du district , ou de l'extraordinaire , pour l'acquit de l'adjudication résiliée.

3°. Le compte certifié , par lui , de ceux de ces droits qu'il a perçus ou des rachats qui en ont été faits entre ses mains devant le directoire du district.

4°. Une déclaration qui indique les autres adjudications de

domaines nationaux qui peuvent lui avoir été passés dans l'étendue de la République, et les paiemens faits à-compte ou pour solde, et par laquelle il fasse connoître s'il est dans l'intention de transporter sur lesdites adjudications, en paiement jusqu'à concurrence de ce qu'il reste devoir, les sommes à la restitution desquelles il a droit pour l'adjudication résiliée.

Après que les quittances ont été vérifiées, et que le compte des perceptions et rachats a été débattu contradictoirement avec le procureur-syndic, toutes les pièces ci-dessus indiquées, ainsi que la renonciation, ou la demande en résiliation de l'adjudicataire, et la délibération du directoire du district qui résilie la vente, doivent être adressées, avec l'avis dudit directoire, au directoire du département. La renonciation ou demande en résiliation de l'adjudicataire doit porter une date authentique qui fasse connoître si elle a été faite en temps utile.

Le certificat, la délibération ou l'arrêté du directoire du district qui admet la résiliation, doit faire mention de la date de la publication dans le district, de la loi en vertu de laquelle la résiliation est accordée.

Le directoire du département, après avoir examiné toutes ces pièces, et les avoir revêtues de son visa, s'il y a lieu, doit les transmettre à l'administrateur de la caisse de l'extraordinaire, à l'effet d'arrêter le décompte définitif des sommes à restituer, et d'en faire faire le versement, par la caisse de l'extraordinaire, entre les mains de l'adjudicataire, ou au receveur du district, pour les lui délivrer; ou d'opérer les imputations qu'il pourroit y avoir lieu de faire sur d'autres adjudications.

Il est de toute nécessité de suivre cette marche à la lettre : quoiqu'elle ne soit pas textuellement indiquée par les deux lois des 6 juillet et 25 août, elle est une conséquence à l'égard de

(8)

ces lois, de l'art. 3 de celle du 11 septembre dont il sera question ci-après ; elle est d'ailleurs indispensable, relativement à l'ordre général de la comptabilité, soit pour l'unité des principes , soit pour la régularité des opérations. 1°. Parce que les receveurs de district étant tenu d'annuller les assignats qui leur sont remis en paiement de domaines nationaux, ils n'auroient aucuns fonds, dont ils pussent disposer, pour acquitter les mandats de restitution, que les corps administratifs pourroient tirer directement sur eux.

2°. Parce que ce n'est que dans les bureaux de l'administration de la caisse de l'extraordinaire, que l'on peut connoître si la déclaration relative aux autres acquisitions, que peut avoir faites un adjudicataire évincé, est exacte, et quelles sont les sommes qu'il est en retard d'acquitter sur ces acquisitions ; de même que c'est dans ces bureaux, seulement, que peuvent être opérées les imputations à faire sur telle ou telle adjudication, en vertu de ladite déclaration.

Les directoires de districts devront remettre exactement, aux receveurs desdits districts, ainsi qu'aux préposés de la régie nationale, une expédition des arrêtés par lesquels ils auront prononcé des résiliations , afin que les premiers en fassent mention sur leur sommiers et livres d'échéances, et que les seconds puissent reprendre l'administration des biens corporels, qui se trouveroient compris dans les ventes.

Les directoires remettront, en outre, auxdits préposés de la régie, une expédition du compte des fruits perçus, et qui auront été compensés, pour qu'ils puissent recouvrer les fruits arriérés.

Les directoires de département sont invités à faire passer exactement tous les mois, à l'administrateur de la caisse de
l'extraordinaire,

l'extraordinaire, l'état de toutes les adjudications qui auront été résiliées où annullées, et de celles qui auront été réduites, dans l'étendue du département, pendant le mois précédent.

Cet état est bien essentiel pour qu'on puisse indiquer sur les sommiers généraux, dressés d'après les états de vente, tous les changemens qui arrivent dans le cours des adjudications déja enregistrées.

Des Réductions et Compensations en résultant.

Les demandes en réduction ne peuvent avoir lieu que pour les adjudications qui, avec des droits fixes supprimés sans indemnités, comprennent d'autres biens ou droits réservés ; et ces demandes-là sont toujours admissibles, puisque la loi ne prescrit pas le délai dans lequel les réclamations doivent être faites.

Les directoires de districts doivent avoir soin de rejeter toute demande en réduction pour cause de droits casuels supprimés ; il s'en présentera sans doute beaucoup, soit de la part des acquéreurs de ces droits, qui auront laissé expirer le délai fixé par l'art. 5 de la loi du 6 juillet, sans demander la résiliation de leur adjudication, soit de là part de ceux qui, ayant fait une acquisition avantageuse, malgré même la suppression sans indemnité des droits casuels y compris, n'auront pas voulu en demander la résiliation, mais tenteront d'obtenir une réduction.

Les demandes en réduction devront être appuyées des mêmes pièces exigées pour les demandes en résiliation ; et en outre il faudra y joindre les procès-verbaux d'estimation ou d'évaluation qui auront servi de base à la vente réduite, pour servir à constater la valeur de l'indemnité à accorder.

Dans le cas où ces procès-verbaux n'indiqueraient pas dis-

B

tinctement la valeur pour laquelle les droits fixés supprimés se trouveront compris dans l'estimation ou dans l'évaluation, les directoires de districts joindront aux pièces un état certifié d'eux desdits droits fixes, soit en argent, soit en nature, et la valeur de chacun d'eux en argent, en se réglant, pour la déterminer, d'après le mode prescrit par les lois relatives au rachat des droits féodaux.

Les directoires de département feront passer lesdites pièces à l'administrateur de la caisse de l'extraordinaire, qui arrêtera définitivement lesdites réductions, ou en fera faire les restitutions ou imputations sur d'autres adjudications, dans le cas où les adjudications réduites seraient déjà soldées ; le tout dans la même forme que pour les adjudications résiliées.

L'administrateur de la caisse de l'extraordinaire enverra aux directoires de département les décomptes de réduction, lesquels détermineront quelles seront les sommes qui resteront à payer, à chaque terme, par les acquéreurs ; les directoires de département les feront passer à ceux de district, pour qu'ils en donnent acte aux acquéreurs, au bas des procès-verbaux d'adjudications, et qu'ils remettent au receveur de district une expédition dudit acte.

Comptabilité des Receveurs de Districts, relativement aux Restitutions et Réductions.

Les receveurs de district ne doivent faire aucun paiement pour cause de restitutions ou de réductions sur des adjudications de domaines nationaux, qu'ils n'aient reçu des fonds exprès de la caisse de l'extraordinaire, et un bordereau d'emploi desdits fonds, arrêté par l'administrateur de ladite caisse, et ils ne paieront qu'en vertu des mandats des directoires de département, auxquels le double du bordereau d'emploi aura été adressé.

Lesdits receveurs inscriront sur le registre destiné aux fonds qui leur seront envoyés directement par la caisse de l'extraordinaire, ceux qu'ils recevront de cette caisse relativement à l'objet de la présente instruction; ils y inscriront également les paiemens qu'ils feront, en ayant soin de motiver leurs articles, suivant les mandats du directoire du département.

Ils feront, sur leurs sommiers, note desdits mandats, de leur date et de leur numéro, à chacun des articles de vente auxquels ils seront relatifs, et ils y transcriront l'extrait de l'arrêté portant résiliation, ou de celui portant réduction.

Ils recevront de l'administration de la caisse de l'extraordinaire les bordereaux de réductions ou d'imputations qui leur indiqueront les formalités à remplir, pour faire porter les réductions proportionnellement sur tous les termes échus et à écheoir de l'adjudication réduite, et pour opérer dans les compensations la décharge des adjudicataires, la sureté de la nation contre de doubles emplois, et pour mettre à couvert leur responsabilité.

Ils auront soin dans les états qu'ils dresseront, pour servir au paiement des seizièmes revenant aux municipalités, d'indiquer tous les articles desdits états, dont les adjudications auront été depuis résiliées ou réduites, afin que non-seulement on ne fasse pas payer aux municipalités les seizièmes des sommes dont la restitution ou la réduction a été ordonnée; mais même qu'on puisse leur faire la retenue de celles qu'elles auraient déjà reçues sur ces adjudications.

Des *Adjudications résiliées ou conservées, à raison des dîmes inféodées que les Acquéreurs voulaient affecter à leur paiement.*

L'article Ier. de la loi du 11 septembre autorise à renoncer à leurs acquisitions tous les acquéreurs de domaines nationaux qui n'ont point donné en payement du prix de ces acquisitions, le montant des liquidations provisoires ou définitives qui leur ont été délivrées à raison des dîmes inféodées par eux prétendues, ainsi que ceux qui auront justifié ou justifieront, dans les délais et les formes prescrites par les décrets, qu'il leur était dû des dîmes de cette nature.

L'article II leur fixe un délai de deux mois, à compter du 11 septembre, pour faire cette renonciation au secrétariat de chaque district de la situation des biens vendus, sous peine d'en demeurer déchus, et d'être poursuivis pour l'exécution de leurs adjudications, comme tout autre acquéreur.

Et la loi du 13 septembre accorde un délai d'un an pour le paiement du *premier terme* du prix de ces adjudications à ceux des acquéreurs ci-dessus désignés, qui désireraient conserver leurs acquisitions, à la charge par eux de le déclarer à chaque directoire du district de la situation du bien vendu dans le délai de deux mois, à compter du 13 septembre, date de la loi; et il prescrit aux directoires de district d'envoyer une expédition desdites déclarations, tant au receveur du district, qu'au commissaire près la caisse de l'extraordinaire.

L'article III de la loi du 11 septembre porte que les sommes que les renonçans auront payées, leur seront remboursées par le trésorier de la caisse de l'extraordinaire, au moyen d'une ordonnance de l'administrateur de ladite caisse, sur la représentation de l'acte de renonciation, certifié par le directoire du district, et visé par celui du département, et que les intérêts desdites sommes demeureront compensés avec les fruits perçus.

En exécution de ces dispositions, il est nécessaire que les directoires de district fassent passer à celui de leur département, pour les demandes en résiliation des adjudications indiquées par l'article premier, les mêmes pièces indiquées pour les résiliations résultantes des lois des 6 juillet et 25 août 1792, et qu'ils y joignent en outre l'acte authentique de renonciation des adjudicataires, et les justifications faites dans les délais et les formes prescrites par les décrets, pour constater qu'il leur était dû des dîmes de cette nature.

Toutes ces pièces seront envoyées par le directoire du département à l'administrateur de la caisse de l'extraordinaire, et les restitutions, compensations et imputations seront opérées de la manière indiquée pour les droits casuels et fixes supprimés sans indemnité.

Les receveurs de district suivront également la même marche pour leur comptabilité.

Quant aux adjudicataires qui, étant propriétaires de dîmes inféodées, voudront conserver l'adjudication des biens qu'ils étaient dans l'intention de payer avec le remboursement desdites dîmes, et qui réclameront le bénéfice de la loi du 13 septembre, dans les deux mois prescrits par cette loi ; il est bien essentiel d'observer que le premier terme pour le paiement duquel elle accorde un délai d'un an, ne peut s'entendre que du premier paiement à faire sur le capital restant, déduction faite des 12, 20 ou 30 pour cent, qui doivent toujours être

payés dans la quinzaine de l'adjudication , pour que l'adjudicataire puisse être mis en possession.

Les directoires de district sont invités à apporter la plus
grande exactitude dans l'envoi à l'administrateur de la caisse
de l'extraordinaire , et dans la remise au receveur de district,
des déclarations des adjudicataires , afin qu'elles puissent être
enregistrées sur les livres d'échéances ; ces délarations doivent
porter une date authentique , et il est convenable qu'elles
soient visées par le directoire de district.

Observations générales.

L'article 4 de la loi du 11 septembre 1792 porte , que les
biens rentrés dans les mains de la Nation , seront remis en
vente *dans les formes prescrites* par les décrets.

Cette disposition s'applique , non-seulement aux adjudications faites aux propriétaires de dîmes inféodées qui en
demanderont la résiliation , mais aussi à toutes les adjudications résiliées , par suite des dispositions de la loi du 6 juillet,
et en général à tous les biens et droits conservés compris dans
des adjudications annullées ou résiliées , pour quelque cause
que ce soit.

En conséquence , les directoires de district sont invités à
procéder sans délai , aux publications et ventes desdits biens,
dans les formes accoutumées, en ayant soin de prévenir les
citoyens, par les affiches , des motifs qui déterminent la remise
en vente desdits biens.

LES DIRECTOIRES DE DISTRICT ET DE DÉPAR-
TEMENT sont invités à ne pas omettre d'indiquer (sur les
états de vente qui doivent être adressés tous les mois à l'admi-

nistrateur de la caisse de l'extraordinaire), dans la colonne
d'observation correspondante aux adjudications qui auront été
passées par suite de résiliations, d'annullation ou de folles
enchères, la date et le montant de l'adjudication résiliée,
annullée, ou sur laquelle a eu lieu la folle enchère, afin que
ces articles ne fassent pas double emploi.

*Arrêté par Nous, Administrateur de la Caisse de l'Ex-
traordinaire, à Paris, le 8 décembre 1792, l'an 1ᵉʳ. de la
République Française.*

Signé AMELOT.

A PARIS, DE L'IMPRIMERIE DE DIDOT JEUNE.